내 차트는 내가 만든다(1)

-내 차 내 만-

박스 n 대칭

손 태 건 (필명: 타 이 쿤)

taikun@naver.com

글 제목 Title of the article

1. 예스 차트 설치하는 방법

하이 투자 증권 비대면 계좌 개설은 스마트 폰으로 30분 정도에 무료 개설 가능

 1)아이디,비번 생성........하이투자 증권 콜센터 1588-7171. 차트 설치시
  원격 지원 가능

 2)예스차트 다운 로드....하이투자 증권 홈페이지
  https://www.hi-ib.com/ 예스트레이더

 3)예스차트 구동 확인....아이디,비번 입력후 엔터 키 누르기. 차트 로딩 확인

4)시스템 트레이딩 창 로딩

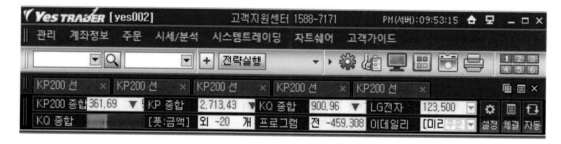

관리..계좌정보..주문..시세/분석..시스템트레이딩..차트쉐어..고객가이드

좌측 5번째 [시스템트레이딩] 버튼......클릭

[시스템트레이딩] 버튼 클릭하면 내부 화면 번호가 보임

6101 화면......전략실행차트

6109 화면......YesLanguage 편집기

6101 화면......[전략실행차트] 버튼 클릭......차트 실행

6109 화면......[YesLanguage 편집기] 버튼 클릭......차트 편집기 화면 실행

2. 전략 실행 차트......화면 번호 6101

[선택] 버튼

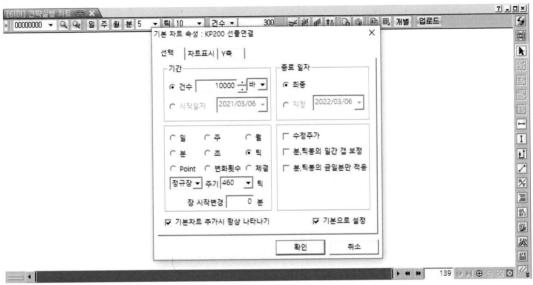

[틱]체크

[정규장] 주기 [460]틱..틱 숫자는 원하는 숫자로 지정 가능, 분 차트,일,주,월
간 차트도 가능

[확인] 버튼

[Y축] 버튼

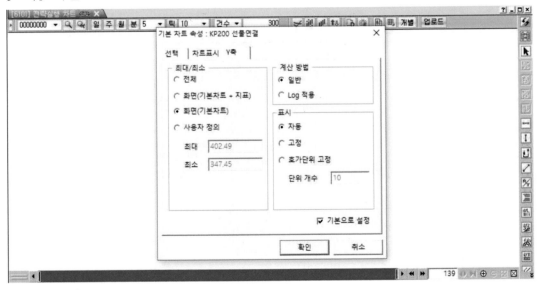

[화면(기본차트)] 체크 표시

[확인] 버튼 클릭

[전략 실행 차트] 화면 로딩

[가격지표] 버튼 클릭 해보기

[거래량지표] 버튼 클릭 해보기

[모멘텀지표] 버튼 클릭 해보기

[변동성지표] 버튼 클릭 해보기

[추세지표]버튼 클릭 해보기

[차트창 속성]......차트 흰 바탕 위에서 우측 마우스를 클릭하면 차트창 속성
화면이 나타난다

[정보] 버튼

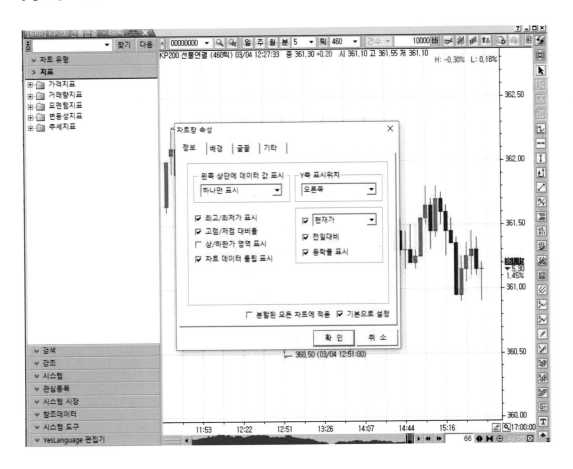

차트 흰 바탕에 우측 마우스를 누르면 [차트창 속성] 화면 노출

[최고/최저가 표시] 체크
[고점/저점 대비율] 체크
[차트 데이터 툴팁 표시] 체크

[현재가] 체크
[전일대비] 체크
[등락율 표시] 체크

[기본으로 설정] 체크
[확인] 버튼 클릭

[기타] 버튼

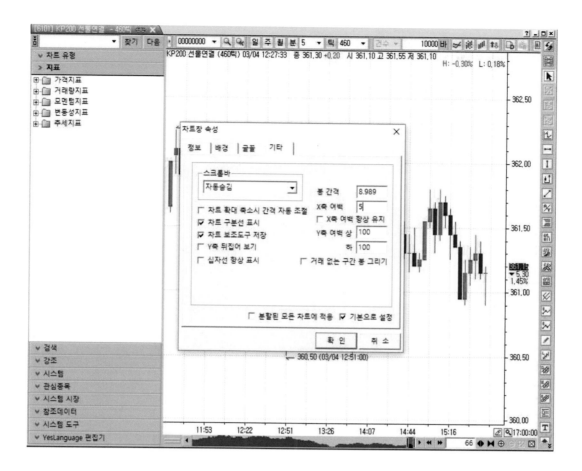

[차트 구분선 표시] 체크

[차트 보조도구 저장] 체크

[X축 여백] 5 입력

[Y축 여백 상] 100 입력

[Y축 여백 하] 100 입력

[기본으로 설정] 체크
[확인] 버튼 누르기

3. [YesLanguage 편집기] 버튼 클릭......6109 화면......차트 편집기 화면 실행

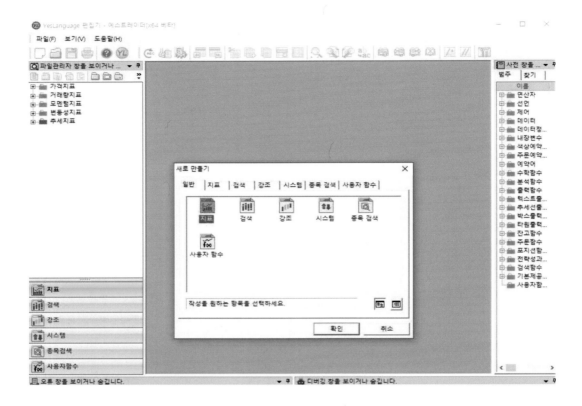

[파일 새로만들기(N)......Ctrn+N

[지표] 버튼 클릭

[확인] 버튼 클릭

[지표 새로 작성] 버튼

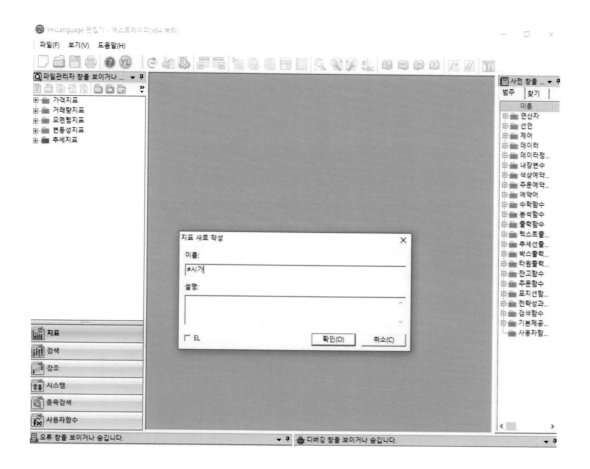

[이름] 버튼 상단 사각형 공간에 지표 제목을 만들어서 입력한다

[#시가] 라는 제목을 만들어서 입력한다

[확인] 버튼을 클릭한다

[검증F4] 버튼 클릭

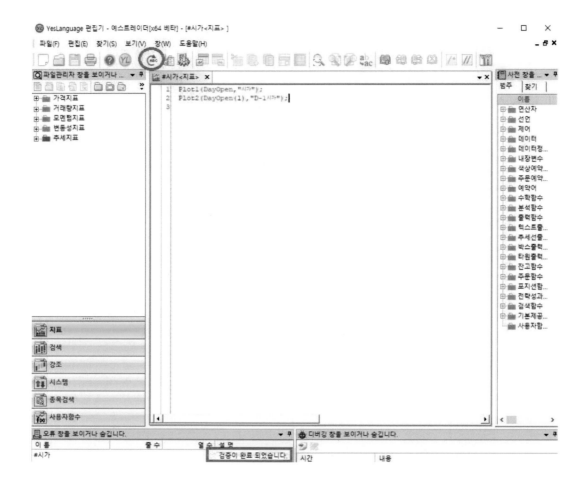

백지 화면에 아래 수식을 기입한다

Plot1(DayOpen,"시가");
Plot2(DayOpen(1),"D-1시가");

[검증F4] 버튼 클릭한다

#시가......검증이 완료되었습니다 라는 메시지를 확인한다

[새로 만들기] 창

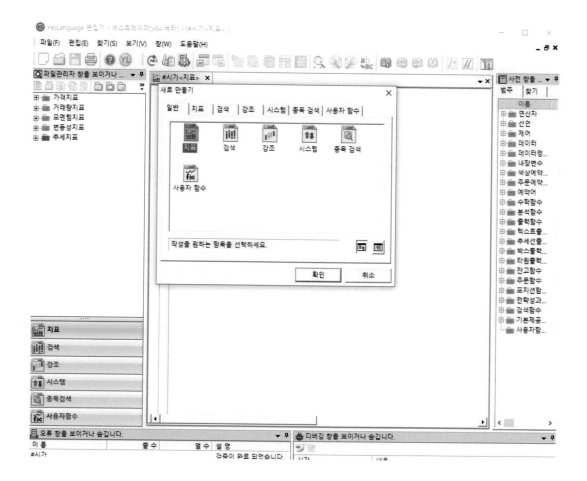

[지표] 버튼을 클릭한다

[확인] 버튼을 클릭한다

[새로 만들기] 창이 생성된다

[파일] 버튼 클릭

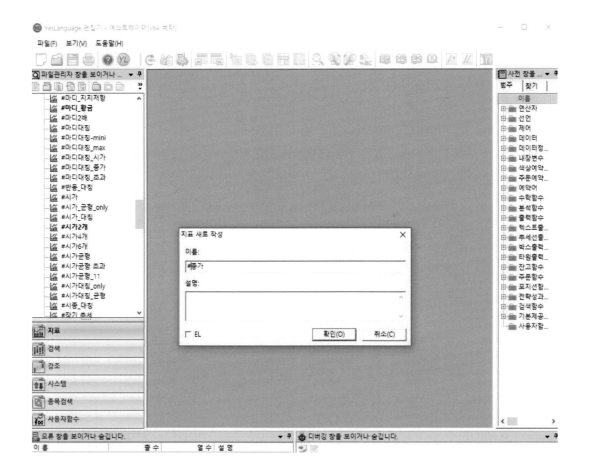

[새로 만들기]버튼 클릭

[지표] 버튼 클릭

[확인] 버튼 클릭

[지표 새로 작성] 창

#종가......기입

[확인] 버튼 클릭

[검증F4] 버튼 클릭

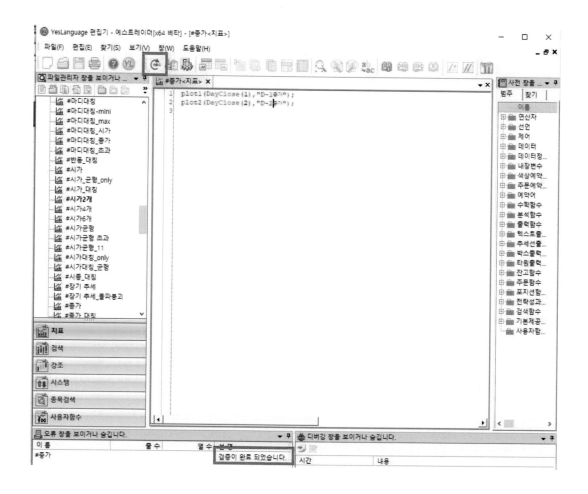

백지 화면에 아래 수식을 기입한다

plot1(DayClose(1),"D-1종가");
plot2(DayClose(2),"D-2종가");

[검증F4] 버튼을 클릭한다

#종가......검증이 완료되었습니다 메시지를 화면 하단에서 확인한다

[시스템트레이딩]

[[6101]전략실행차트]

.

#시가

#종가

[#시가]버튼 눌러 활성화 후 [#시가]버튼을 누른 상태에서 우측 차트 쪽으로 드래깅해서 놓음

[#종가]버튼 눌러 활성화 후 [#종가]버튼을 누른 상태에서 우측 차트 쪽으로 드래깅해서 놓음

순차적으로 진행하는 요령을 아래와 같이 시행한다

[지표실행]

[#시가]버튼 눌러 활성화 후 [#시가]버튼을 누른 상태에서 우측 차트 쪽으로 드래깅해서 놓음

[다음 항목과 공유] 체크한다

[KP200 선물연결] 체크한다......주식인 경우 종목 코드 지정 입력 가능

[확인] 버튼 클릭한다

[D-1 시가] 선 그래프 표시......블루색으로 표시된다...시가 또는 D-1시가

[D-2 시가] 선 그래프 표시......핑크색으로 표시된다...D-1시가 또는 D-2 시가

[시가] 지표를 수식 창에서 이름을 지정해서 만들고 나면 좌측에 [시가] 지표가 생성된다

[시가] 지표를 누른 상태에서 우측 차트 화면으로 드래깅 하고나서 놓으면 [시가] 수식이 표출된다

본인이 따로 지정을 하지 않아도 차트에서 선이 자동적으로 표출된다

[ShortCutBar숨김/표시] 버튼......숨김 상태

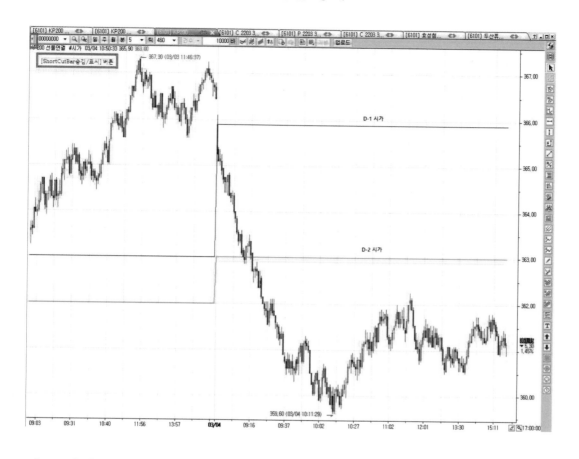

차트 화면 좌측 상단에 보면 [ShortCutBar숨김/표시] 버튼이 숨김 상태로 되어있다.

사각형 버튼 안에 작은 삼각형 버튼이 좌측으로 향하여 표시되어 있다

사각형 버튼 안에 작은 삼각형이 좌측으로 표시된 버튼을 누르면

[ShortCutBar숨김/표시] 버튼이 작용하면서 좌측에 지표 이름이 적힌 창이 새로 표출된다

[ShortCutBar숨김/표시] 버튼......표시 상태
[시가] 지표를 누른 상태에서 우측 차트 화면으로 드래깅 하고나서 놓으면 [시가] 수식이 표출

<지표에 표시된 선을 클릭하여 지표를 보기 좋게 세팅한다>

[지표선] 더블 클릭
[지표 속성] 창 열림
[차트 표시] 버튼 클릭
[선 그래프]에서 [일자 그래프]로 변경

[마지막 지표값 표시] 체크

[현재 설정값을 기본값으로 저장] 체크
[확인] 버튼 클릭

차트에 설치된 지표선을 삭제하고 싶을 때는 선 위를 클릭한 후 우측 마우스 눌러 [지표삭제] 버튼을 누르면 된다

[D-1 시가] 또는 시가

[시가]는 핑크색 진하게 표시

색, 형태, 굵기 창을 확인한다

[굵기]에서 가장 큰 선을 선택

[D-1] 시가는 가장 가는 선을 선택해서 금일 시가와 전일 시가를
선 굵기로 구분해서 표시

[종가]

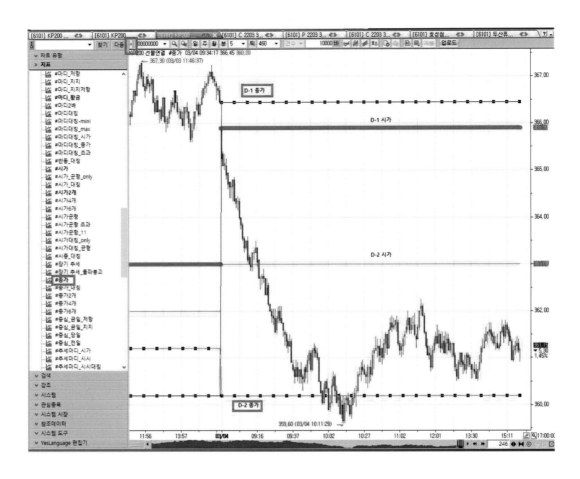

[#종가]버튼 눌러 활성화 후 [#종가]버튼을 누른 상태에서 우측 차트 쪽으로 드래깅해서 놓음

아래 차트와 같이 [지표 속성] [#종가] 창이 뜨는 것을 확인한다

그 후에 지정하는 방식대로 진행해서 [종가] 차트 표시를 완성한다

[선 그래프]를 [일자 그래프]로 바꾸기

[D-1종가] 클릭

종류......일자 그래프 선택

색.........검은색 선택............좋아하는 색으로 선택 가능

굵기......세번째 정도 선 굵기를 선택한다

마지막 지표값 표시 버튼에 체크한다

현재 설정값을 기본값으로 저장 버튼에 체크한다

[확인] 버튼을 누른다

[D-2 종가]

[종류] 버튼에서 선 그래프를 일자 그래프로 바꾼다

[색] 버튼에서 검은 색으로 선택한다

[D-2]종가는 [D-1종가]보다 가는 선으로 표시한다

[굵기] 버튼에서 가장 가는선을 선택한다

[마지막 지표값 표시]에 체크한다

현재 설정값을 기본값으로 저장 버튼에 체크한다
[확인] 버튼을 누른다

4. 박스

<종가 박스>

D-1일 종가가 D-2 종가 보다 높은 상태에서 금일 시가가 D-1일 종가보다
낮은 위치에서 형성되고 이후 하락하면 D-2 일 종가까지 하락 압력에
노출된다.

즉 D-1 종가와 D-2 종가는 종가 박스를 구성한다

<시가 박스>

금일 시가가 전일 시가보다 상승한 상태에서 시가 위로 상승하지 못할 때
전일 시가까지 하락 압력을 받는다. 전일 시가에서도 하락이 멈추지 않으면
전일 시가와 금일 시가의 대칭 위치까지 하락 압력을 받는다.

<박스 운동과 박스의 돌파>

가격 운동은 기본적으로 박스 운동이 대부분이다. 박스 상단이 돌파되면
박스 크기만큼 위로 대칭운동을 하려고 하며, 박스 하단이 붕괴되면
박스 크기 만큼 아래로 대칭 운동을 하려고 한다

5. 대칭

<시종 대칭>

이제부터는 그간 학습한 것을 활용하여 각각의 대칭 목표를 수식을 활용하여 지표를 만든 후 차트에 구현하는 실습을 직접 해보아야 한다

#시종대칭

Plot1(DayOpen,"시가");

Plot2(DayClose(1),"D-1종가");

plot3(DayOpen+(DayOpen-DayClose(1)),"시종대칭1");

plot4(DayClose(1)-(DayOpen-DayClose(1)),"시종대칭2");

지표 제목으로 #시종대칭을 입력하고 [YesLanguage 편집기]에 위 수식을 그대로 쓴 후

[검증F4] 버튼 클릭하여 검증이 완료되었습니다. 메시지를 확인해야 한다 에러 메시지가 출현하면 수식을 잘 못 입력한 것이다.

반복해서 에러가 발송하면 taikun@naver.com 으로 이메일을 보내 수식을 요청하시면 된다. 이메일이 오면 이메일 내용을 복사해서 붙여넣기를 하면 된다.

이메일을 보내실때 이름과 연락처를 같이 적어서 보내시면 도움을 받을 수 있다.

시종 대칭은 당일 시가와 전일 종가 폭을 당일 시가와 전일 종가를 기준으로 대칭으로 그리는 것이다.

예를 들면 당일 시가가 351.85 이고 전일 종가가 354.15 인 경우 당일 시가와 전일 종가의 마디인 시종 마디는 354.15-351.85=2.30 이다.

전일 종가가 금일 시가보다 높으므로 시종 대칭 상승 목표는 354.15+2.30=356.45 이다

금일 시가가 전일 종가보다 낮으므로 시종 대칭 하락 목표는 351.85-2.30=349.55 이다

실제 바닥은 349.30 이다. 시종 대칭 하락 목표와 거의 근접하다

아래 그림은 시종 대칭 상하 목표가 차트에 표시된 것이다

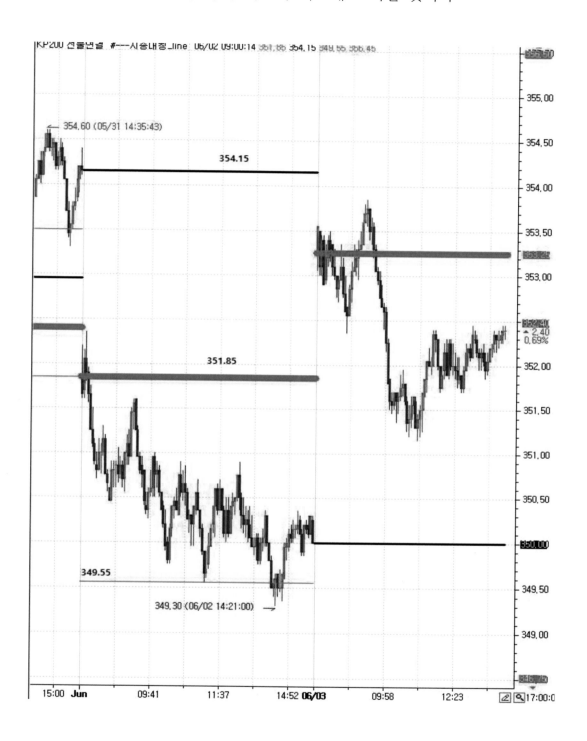

<시가 대칭>
#시가대칭
Plot1(DayOpen,"시가");
Plot2(DayOpen(1),"시가D-1");
plot3(DayOpen+(DayOpen-DayOpen(1)),"시가대칭1");
plot4(DayOpen(1)-(DayOpen-DayOpen(1)),"시가대칭2");
지표 제목으로 #시가대칭을 입력하고 [YesLanguage 편집기]에
위 수식을 그대로 쓴 후 [검증F4] 버튼 클릭하여 검증이 완료되었습니다.
메시지를 확인해야 한다

에러 메시지가 출현하면 수식을 잘 못 입력한 것이다.
반복해서 에러가 발송하면 taikun@naver.com 으로 이메일을 보내
수식을 요청하시면 된다.
이메일이 오면 이메일 내용을 복사해서 붙여넣기를 하면 된다.

이메일을 보내실때 이름과 연락처를 같이 적어서 보내시면 도움을
받을 수 있다.
시가 대칭은 당일 시가와 전일 시가 폭을 당일 시가와 전일 시가를
기준으로 대칭으로 그리는 것이다.

예를 들면 당일 시가가 353.25 이고 전일 시가가 351.85 인 경우
당일 시가와 전일 시가의 마디인 시가 마디는 353.25-351.85=1.40
이다.
금일 시가가 전일 시가보다 높으므로 시가 대칭 상승
목표는 353.25+1.40=354.65 이다

전일 시가가 금일 시가보다 낮으므로 시가 대칭 하락
목표는 351.85-1.40=350.45 이다

금일 시가가 전일 시가보다 높은 상태에서 시가 대칭 상승 목표 354.65
를 달성하지 못하면 전일 시가까지 하락 압력이 발생한다.

전일 시가를 지지로 금일 시가까지 상승하지 못하면 당일 또는 익일에
시가 대칭 하락 목표까지 하락 압력이 발생한다

아래 그림은 시가 대칭 상하 목표가 차트에 표시된 것이다

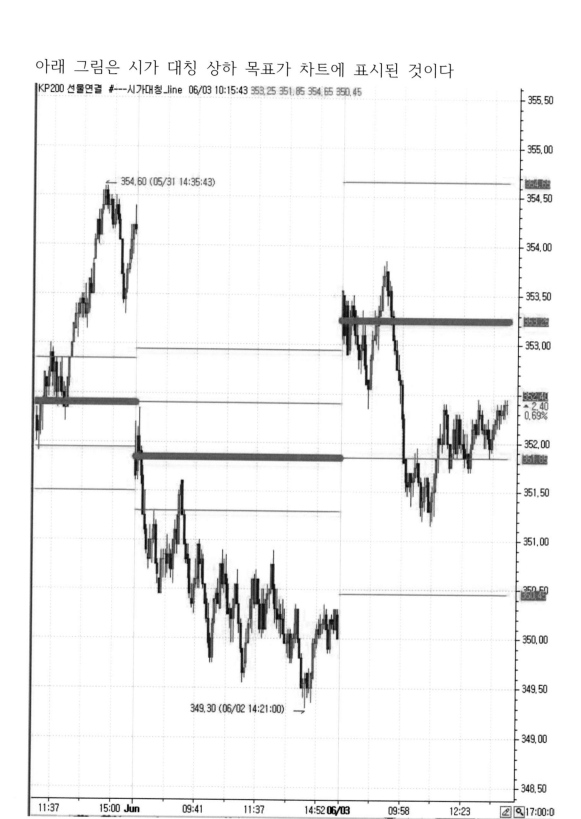

금일 시가가 전일 시가보다 높은 상황에서 시가 대칭으로 상승하지 못하면 .
전일 시가까지 하락 압력에 노출된다

<종가 대칭>
#종가대칭
Plot1(DayClose(1),"D-1종가");
Plot2(DayClose(2),"D-2종가");
plot3(DayClose(1)+(DayClose(1)-DayClose(2)),"종가대칭1");
plot4(DayClose(2)-(DayClose(1)-DayClose(2)),"종가대칭2");

지표 제목으로 #종가대칭을 입력하고 [YesLanguage 편집기]에
위 수식을 그대로 쓴 후 [검증F4] 버튼 클릭하여 검증이 완료되었습니다.
메시지를 확인해야 한다
에러 메시지가 출현하면 수식을 잘 못 입력한 것이다.
반복해서 에러가 발송하면 taikun@naver.com 으로 이메일을 보내 수식을
요청하시면 된다. 이메일이 오면 이메일 내용을 복사해서 붙여넣기를
하면 된다.
이메일을 보내실 때 이름과 연락처를 같이 적어서 보내시면 도움을
받을 수 있다.

종가 대칭은 전일 종가와 전전일 종가 폭을 전일 종가와 전전일 종가를
기준으로 대칭으로 그리는 것이다.
예를 들면 전일 종가가 348.90 이고 전전일 종가가 344.80 인 경우 전일
종가와 전전일 종가의 마디인 종가 마디는 348.90-344.80=4.10 이다.

전일 종가가 전전일 종가보다 높으므로 종가 대칭 상승
목표는 348.90+4.10=353.00 이다

전전일 종가가 전일 종가보다 낮으므로 종가 대칭 하락
목표는 344.80-4.10=340.70 이다

금일 시가가 전일 종가보다 높은 상태에서 전일 종가 348.90을 지지하면
종가 대칭 상승 목표 353.00 까지 상승 압력이 발생한다.

4월 30일 고가가 352.95 이므로 종가 대칭 상승 목표 353.00을 한 틱
차이로 근접한 것이다

아래 그림은 종가 대칭 상하 목표가 차트에 표시된 것이다

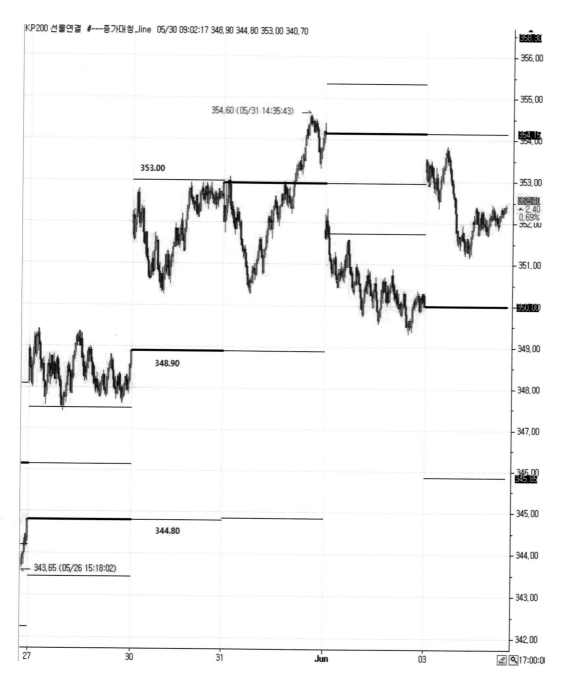

D-1 종가=348.90
D-2 종가=344.80
종가 마디=348.90-344.80=4.10
종가 대칭=348.90+4.10=353.00......달성

<마디 대칭>
#마디대칭
var1=DayHigh(1)-DayLow(1);
Plot1(DayHigh-var1,"마디대칭1");
Plot2(DayLow+var1,"마디대칭2");
plot3(DayClose(1)-var1,"마디대칭3");
plot4(DayClose(1)+var1,"마디대칭4");
Plot5(DayOpen-var1,"마디대칭5");
Plot6(DayOpen+var1,"마디대칭6");

지표 제목으로 #마디대칭을 입력하고 [YesLanguage 편집기]에 위 수식을 그대로 쓴 후 [검증F4] 버튼 클릭하여 검증이 완료되었습니다. 메시지를 확인해야 한다. 에러 메시지가 출현하면 수식을 잘 못 입력한 것이다. 반복해서 에러가 발송하면 taikun@naver.com 으로 이메일을 보내 수식을 요청하시면 된다. 이메일이 오면 이메일 내용을 복사해서 붙여넣기를 하면 된다. 이메일을 보내실 때 이름과 연락처를 같이 적어서 보내시면 도움을 받을 수 있다.
마디 대칭은 전일 고가와 전일 저가 진동 폭을 전일 종가와 금일 시가 그리고 금일 고가 및 금일 저가를 기준으로 대칭 목표를 그리는 것이다.

예를 들면 전일 고가가 352.95 이고 전일 저가가 350.25 인 경우
전일 고가와 전일 저가의 마디는 352.95-350.25=2.70 이다.

전일 종가가 352.95 일 때 마디 대칭 상승 목표는 352.95+2.70=355.60 이고 마디 대칭 하락 목표는 352.95-2.70=350.25 이다
금일 시가가 352.40 일 때 마디 대칭 상승 목표는 352.40+2.70=355.10 이고 마디 대칭 하락 목표는 352.40-2.70=349.70 이다

금일 오전 고가가 353.10 일 때 마디 대칭 하락 목표는 353.10-2.70=350.40 이고 금일 오전 저가가 350.25 일 때 마디 대칭 상승 목표는 350.25+2.70=352.95 이다
오전 저가350.25는 전일 종가 대비 마디 대칭 하락 목표와 정확하게 일치한다

아래 그림은 마디 대칭 상하 목표가 차트에 표시된 것이다

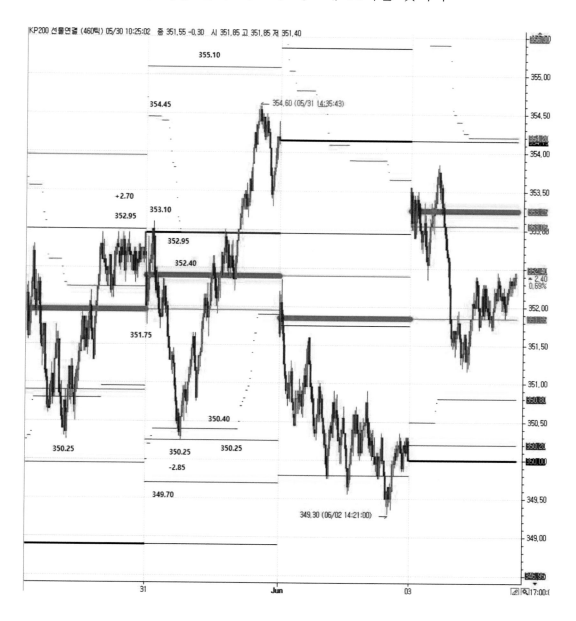

마디 대칭 상승 목표는 빨간색 선으로 표시된다

마디 대칭 하락 목표는 파란색 선으로 표시된다

<고저 대칭>

#고저대칭

var1=DayHigh(1)-DayLow(1);

Plot1(DayHigh(1)+var1,"고저대칭1");
Plot2(DayLow(1)-var1,"고저대칭2");

고저 대칭 상승 목표는 전일 고가와 저가 마디 폭을 전일 고가에
적용시키는 것이고, 고저 대칭 하락 목표는 전일 고가와 저가 마디 폭을
전일 저가에 적용시키는 것이다

전일 고가=352.35

전일 저가=349.30

전일 마디=3.05=352.35-349.30

고저 대칭 상승 목표=352.35+3.05=355.40

고저 대칭 하락 목표=349.30-3.05=346.25

이 고저 대칭 상하 목표는 먼저 전일 고가가 돌파되거나 전일 저가가
붕괴되는 상황이 발생한 후에 적용하는 것이다.

그러므로 고저 대칭 상하 목표는 달성이 될 때까지 다소 시간이
걸리기도 한다는 점에 유의해야 한다

아래 그림은 고저 대칭 상하 목표가 차트에 표시된 것이다

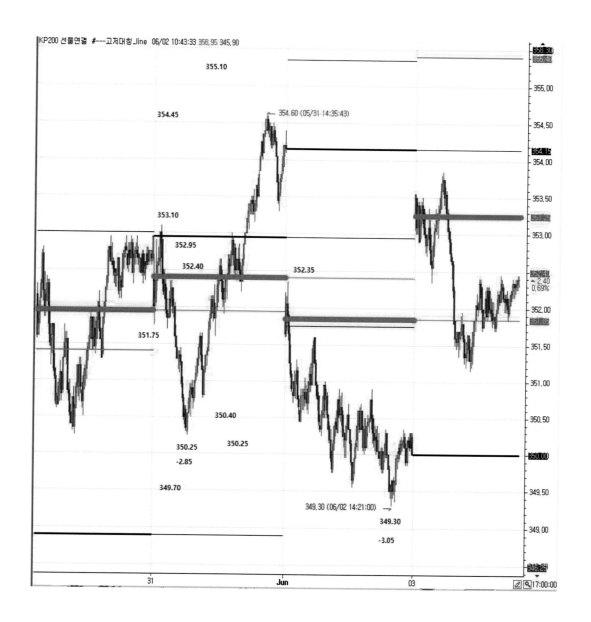

고저 대칭 상승 목표 355.40 은 차트에 표시되고
고저 대칭 하락 목표 346.25 는 차트에 표시되지 않는다.

349.30 바닥이 아직 붕괴되지 않았기 때문이다.

<진폭 대칭>

#진폭대칭

var1=DayHigh-DayLow;

Plot1(DayHigh+var1,"진폭대칭1");
Plot2(DayLow-var1,"진폭대칭2");

진폭 대칭은 당일 고가에서 저가를 뺀 진동 폭을 당일 고가와
당일 저가에 적용시켜 대칭 상승 목표와 대칭 하락 목표를 구하는
수식이다

예를 들면 당일 시가 부근 고가가 353.55 이고 그 이후 저가가
352.35 일 때 그때까지 당일 진폭은 1.20 이다 이 상황에서 반등 후
다시 352.35 바닥을 붕괴할 경우 하락 대칭 목표치를 구하는 수식이다

고가=353.55

저가=352.35

마디=1.20

대칭 상승 목표=353.55+1.20=354.75

대칭 하락 목표=352.35-1.20=351.15

실제 바닥은 351.15 인데 이 값은 정확하게 진폭 대칭
351.15 와 일치한다

아래 그림은 진폭 대칭 상하 목표가 차트에 표시된 것이다

고가=353.55

저가=352.35

마디=1.20

대칭 상승 목표=353.55+1.20=354.75

대칭 하락 목표=352.35-1.20=351.15

실제 바닥 351.15=진폭 대칭 하락 목표

<시가 대칭 차트>

시가 대칭 하락……콜 옵션

금일 시가<전일 시가

금일 시가 위로 상승 하지 못할때

음봉 매도

시가 대칭 하락 목표 달성 익절

양봉 매수……금일 시가 회귀 익절

시가 대칭 선물 차트

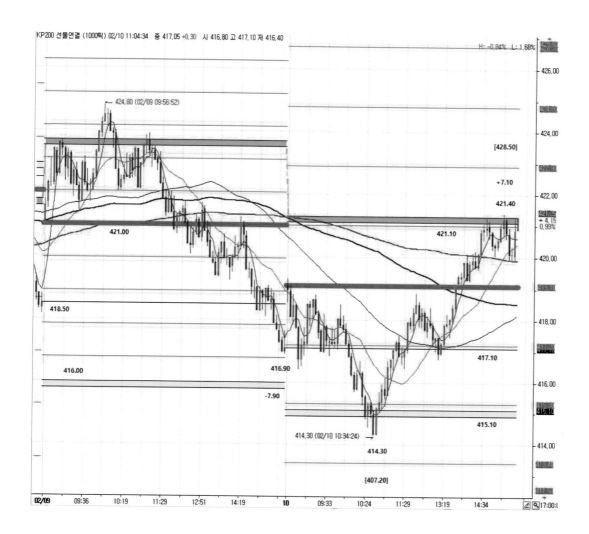

금일 시가<전일 시가

금일 시가 위로 상승 하지 못할때

음봉 매도

시가 대칭 하락 목표 달성 익절

양봉 매수......금일 시가 회귀 익절

금일 시가 노터치......시가 대칭 두 배 하락

시가 대칭......풋 옵션 차트

금일 시가<전일 시가

시가 이후 상승

전일 시가까지 상승

금일 시가 회귀

시가 대칭 상승 목표 달성

시가 대칭......옵션 차트

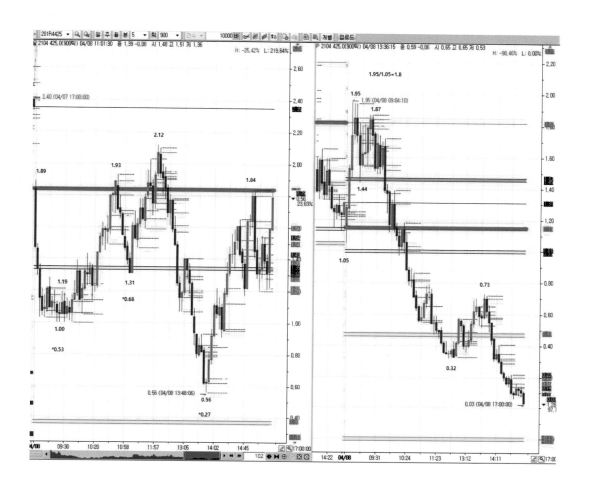

금일 시가<전일 시가

금일 시가 아래로 하락하지 하지 않을 때

양봉 매수......전일 시가 회귀 매도

시가 대칭 하락 목표 달성 익절

시가 대칭 2배

금일 시가<전일 시가

금일 시가 위로 상승 하지 못할때

음봉 매도

시가 대칭 두 배 하락 목표 달성 익절

시가 대칭 차트

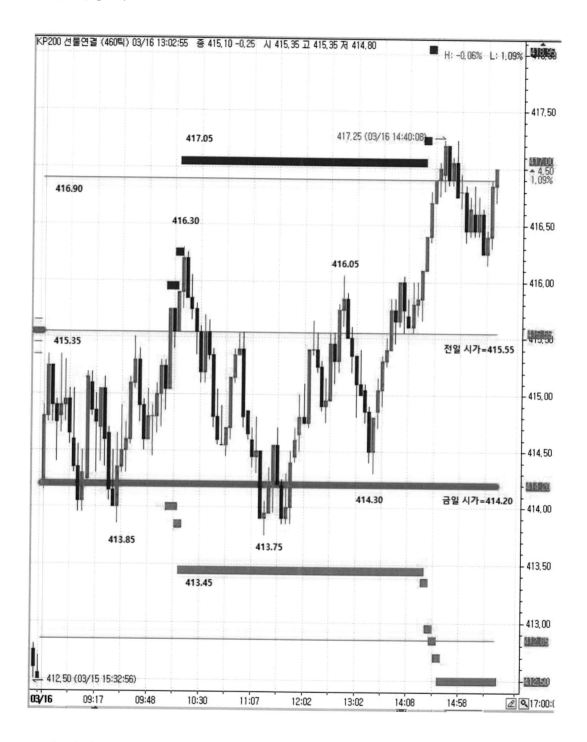

금일 시가<전일 시가
전일 시가 회귀......시가 대칭 상승 목표 달성

시가 대칭 5배 차트

금일 시가<전일 시가
금일 시가 위로 상승 하지 못할때
음봉 매도
시가 대칭 하락 목표 달성 익절
양봉 매수……시가 대칭5배 상승 익절

시가 대칭 차트

금일 시가>전일 시가
금일 시가 위로 상승 하지 못할 때
음봉 매도
시가 대칭 하락 목표 달성 익절
양봉 매수......금일 시가 회귀 익절

시가 대칭 차트

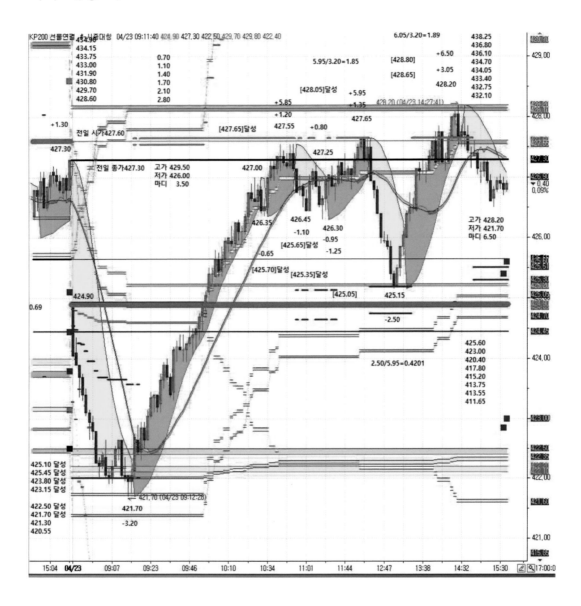

금일 시가<전일 시가
금일 시가 위로 상승 하지 못할때
음봉 매도
시가 대칭 하락 목표 달성 익절
양봉 매수......금일 시가 회귀 익절

시가 대칭 차트

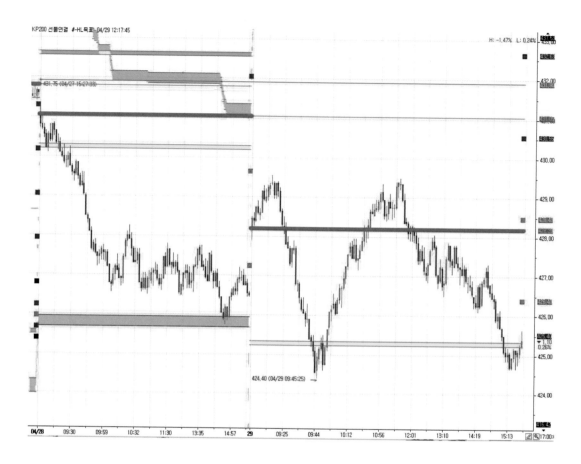

금일 시가<전일 시가

금일 시가 위로 상승 하나 전일 시가와 금일 시가 중심 저항

음봉 매도

시가 대칭 하락 목표 달성 익절

양봉 매수……금일 시가 회귀 익절

시가 대칭 차트

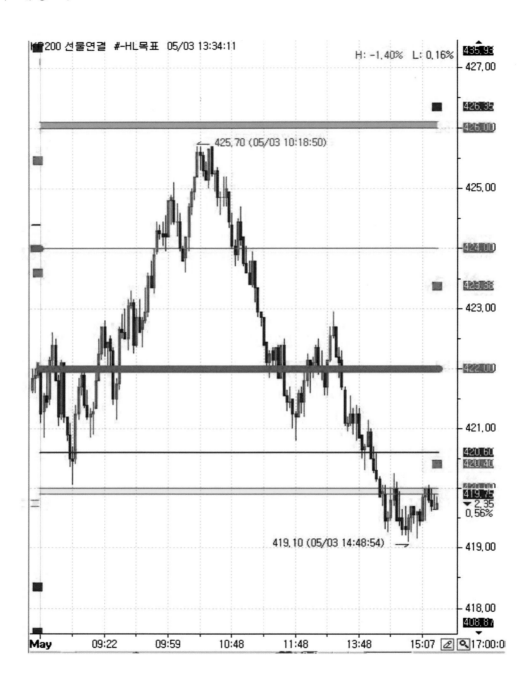

금일 시가<전일 시가....시가 대칭 하락 목표 근접

....시가 대칭 상승 목표 근접

시가 대칭과 시종 대칭

금일 시가<전일 시가
금일 시가 위로 상승 하지 못할때
음봉 매도
시가 대칭 하락 목표 달성 익절
양봉 매수……금일 시가 회귀 익절
시종 대칭 달성

시고저 대칭

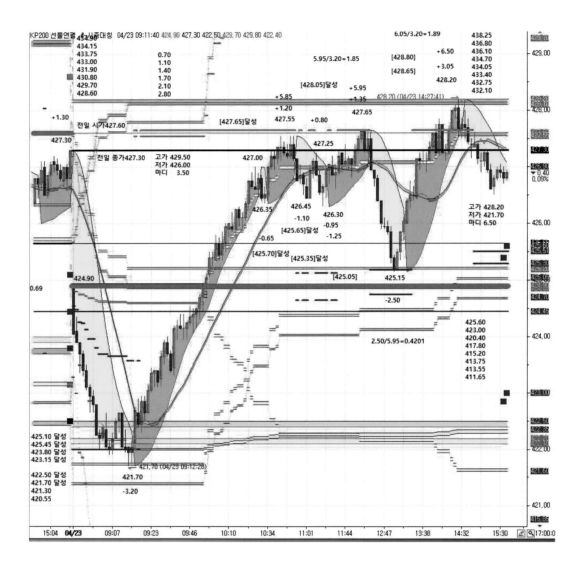

금일 시가<전일 시가
금일 시가 위로 상승 하지 못할때
음봉 매도
시가 대칭 하락 목표 달성 익절
양봉 매수......전일 시가 회귀 익절

시고저 대칭 달성......시가와 저가 폭 만큼 시가 위로 상승

시종 대칭과 시저 대칭

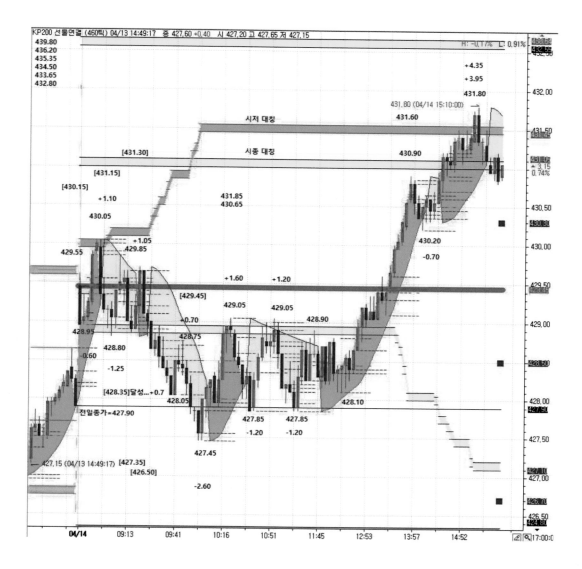

금일 시가>전일 종가
전일 종가 회귀

시종 대칭 달성
시고저 대칭 달성

시종 대칭 차트

금일 시가>전일 종가...시종 대칭 상승 목표 달성

금일 시가>전일 종가...시종 대칭 하락 목표 달성...시종 대칭 상승 목표 달성

시종 대칭 차트

금일 시가<전일 종가......시종 대칭 하락 목표 달성

금일 시가>전일 종가......시종 대칭 상승 목표 달성

<시종 대칭 차트>

금일 시가>전일 종가......시종 대칭 상승 목표 달성

시종 대칭 차트

KP200 선물연결 (460틱) 04/16 10:32:56   종 430.70 +0.05   시 430.65 고 430.75 저 430.45

H: -0.50% L: 0.30%

433.25 (04/16 09:00:20)

429.00 (04/16 11:10:44)

04/16   09:11   09:42   10:11   10:43   11:14   12:05   13:10   14:10   15:04   17:00:00

금일 시가>전일 종가……시종 대칭 하락 목표 달성

시종 대칭 차트

금일 시가>전일 종가......시종 대칭 상승 목표 달성

시종 대칭 차트

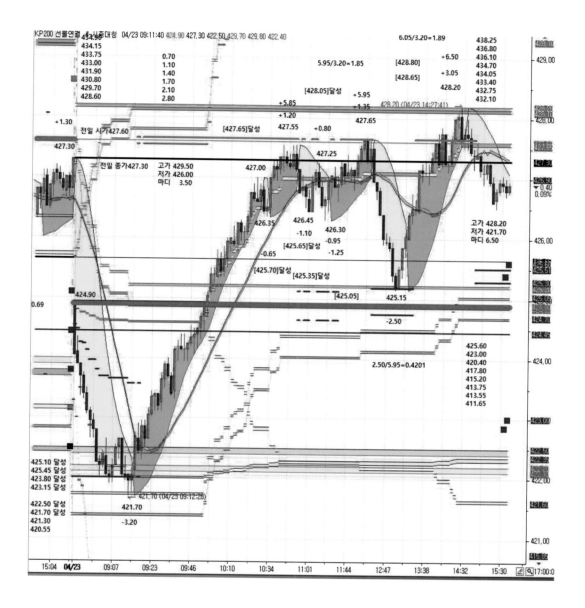

금일 시가<전일 시가......하락 추세

금일 시가와 전일 시가 차이만큼 금일 시가에서 하락하여
시가 대칭 하락 목표치 달성

시종 대칭 차트

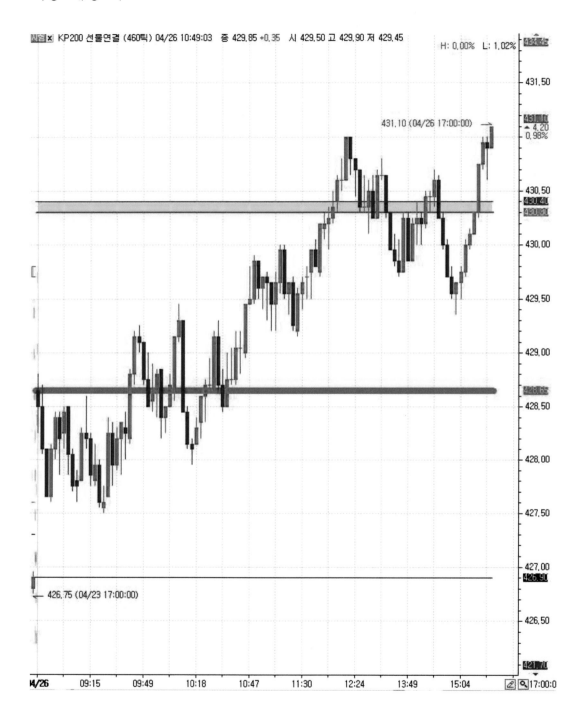

금일 시가>전일 종가......상승 추세
금일 시가와 전일 종가 폭 만큼 상승 대칭 목표치 달성

시가 대칭 차트......금일 시가<전일 시가......시가 대칭 상승 목표 달성

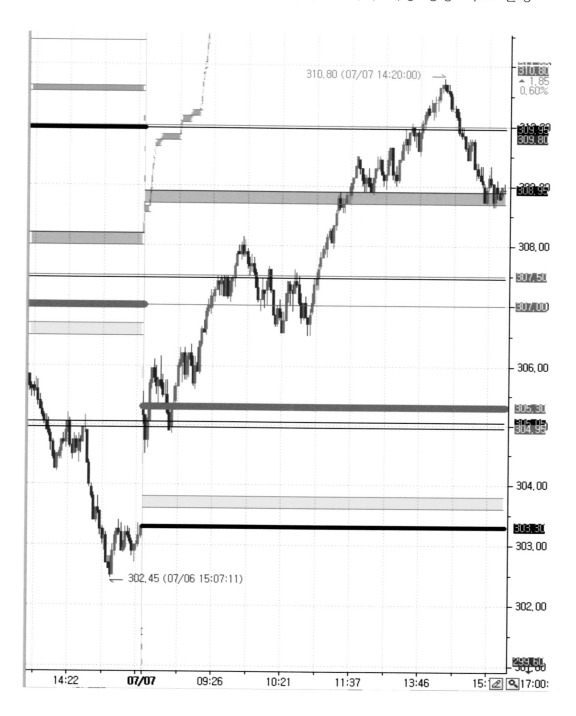

시종 대칭 차트...금일 시가와 전일 종가 상하 대칭 운동 달성

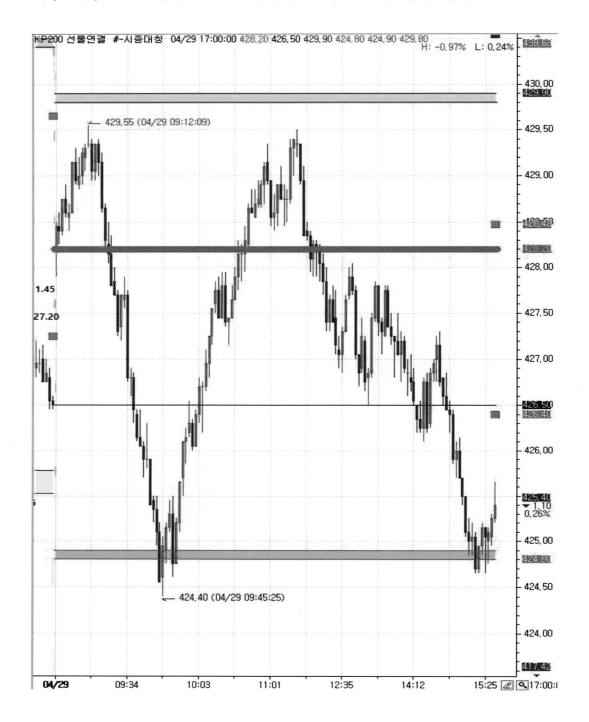

시가 대칭 차트

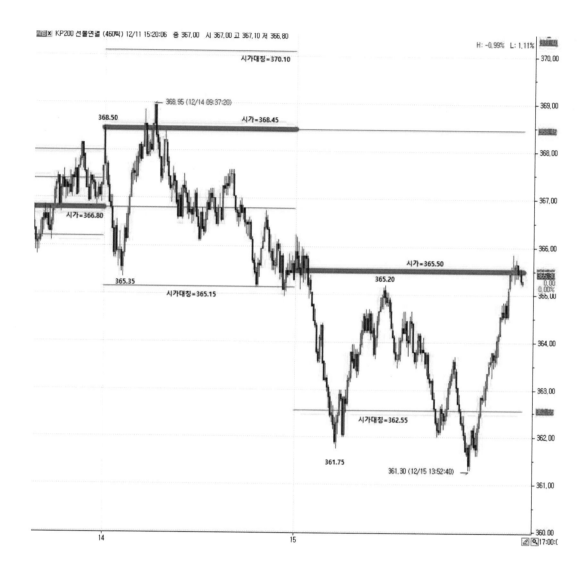

금일 시가<전일 시가......하락 추세

금일 시가와 전일 시가 차이만큼 금일 시가에서 하락하여
시가 대칭 하락 목표치 달성

시가 대칭 차트

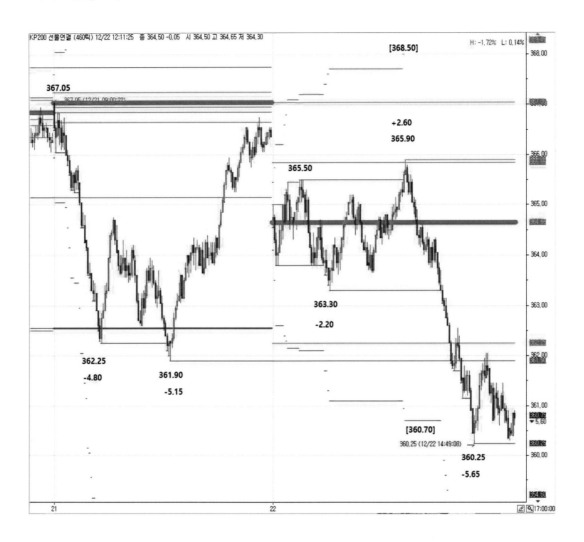

금일 시가<전일 시가......하락 추세

금일 시가와 전일 시가 차이만큼 금일 시가에서 하락하여
시가 대칭 하락 목표치 달성

시가 대칭 차트

금일 시가>전일 시가......상승 추세

금일 시가와 전일 시가 차이만큼 금일 시가에서 상승하여
시가 대칭 상승 목표치 달성

시가 대칭 차트

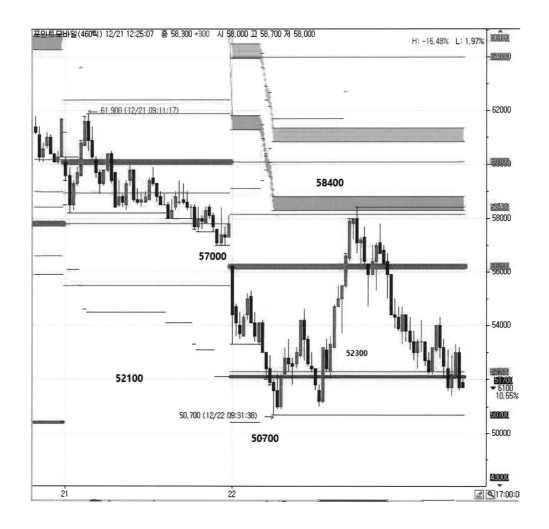

금일 시가<전일 시가......하락 추세

금일 시가와 전일 시가 차이만큼 금일 시가에서 하락하여
시가 대칭 하락 목표치 달성

시가 대칭 차트

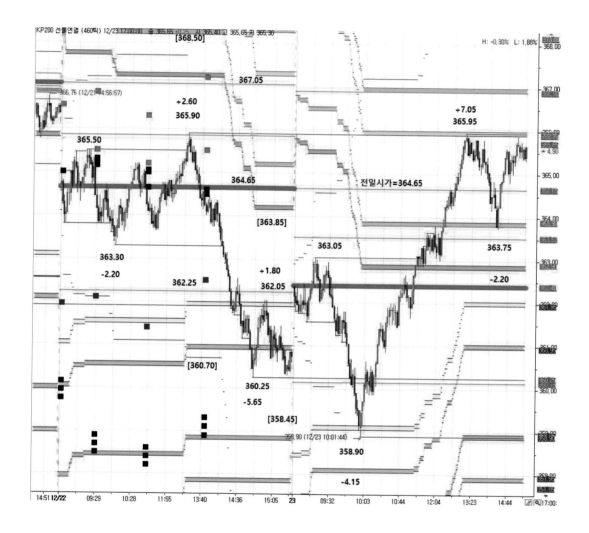

금일 시가<전일 시가......하락 추세

금일 시가와 전일 시가 차이만큼 금일 시가에서 하락하여
시가 대칭 하락 목표치 달성

<차트를 저장하는 방법>

***첫 번째 방법

차트틀......기본으로 설정하기

저장하고자 하는 차트에서 수식이 그려지지 않은 빈 공간 위에 엔터 키를 누른다

우측 마우스를 누른다

[차트틀] 선택한다

[기본으로 설정하기] 누른다

***두 번째 방법

차트틀......저장하기

저장하고자 하는 차트에서 수식이 그려지지 않은 빈 공간 위에 엔터 키를 누른다

우측 마우스를 누른다

[차트틀] 선택한다

[저장하기] 누른다

번호 또는 이름을 지정한다

[저장]버튼을 누른다

<저장된 차트를 불러오는 방법>

차트틀......불러오기

불러오고자 하는 차트에서 수식이 그려지지 않은 빈 공간 위에
엔터 키를 누른다

우측 마우스를 누른다

[차트틀] 선택한다

[불러오기] 누른다

번호 또는 이름을 지정한다

[열기] 버튼을 누른다

또는

[불러오기] 누른다

번호 또는 이름을 더블 클릭한다

<새차트 만드는 법>

[일] [주] [월] [분] 터튼이 있는 라인 제일 우측 [업로드] 버튼 확인한다

[업로드] 버튼 포함 좌측 네 번째 버튼을 찾는다...청색,적색 캔들 표시 버튼

[업로드] 버튼 포함 좌측 네 번째 버튼에 커서를 위치시키면 [새차트] 한글이 뜬다

[새차트] 버튼을 누른다

현재 차트 우측에 [새차트]를 불러올 새로운 공간이 열리고 [종목선택] 창이 보인다

주식의 경우 [주식]버튼을 누른다

선물의 경우 [선/옵] 버튼을 선택후 [KP200 선물연결]을 선택한다

[틱] 앞에 체크표시를 한다

[정규장] [틱] 앞에 460 이라고 쓴다

[기본으로 설정하기] 앞에 체크 표시한다

[확인]버튼을 누른다

새 차트가 열리는 것을 확인한다

기존 차트와 새 차트을 구분하는 선에 커서를 위치시키면 화살표가 좌우로 표시 된다

이 때 마우스를 누른 상태에서 좌우로 이동시켜 차트 위치를 원하는 방식으로 지정한다

6. 박스, 대칭, 중심, 황금 비율을 활용한 목표치 예측

<미국 나스닥 지수 주간 차트>

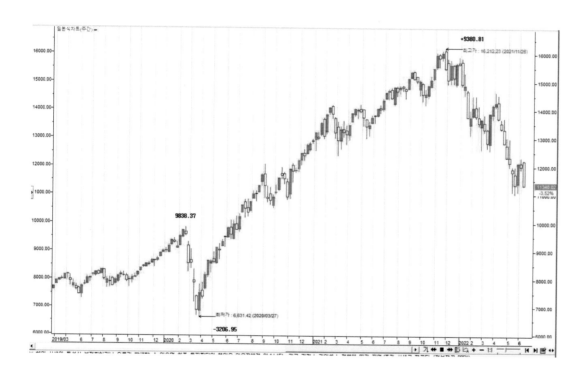

위 차트는 미국 나스닥 지수 주간 차트이다.
상승 추세를 보이다가 천정을 형성하고 하락하는 과정이다.

천정은 과도한 상승으로 형성 된다. The top is formed by excessive elevation

9838.37-6631.42=3206.95

16212.23-6631.42=9580.81

9580.81/3206.95=2.98.................조정 폭의 3배 상승

박스 작용

천정 16212.23
바닥 6631.42......하락 목표

천정과 바닥은 박스를 형성한다

천정에서는 직전 바닥까지 하락 압력이 작용한다

중심 작용

천정 16212.23
바닥 6631.42

중심=(16212.23+6631.42)/2=11421.83......하락 목표......달성

회귀 작용

돌파된 천정 9838.37

과거 천정을 돌파 후 새로운 천정이 형성되면 돌파 된 천정으로 회귀 압력이 발생한다

When a new top is formed after breaking through the old top, a return pressure is generated to the broken top

하락하는 가격이 돌파한 과거 천정을 터치하지 않으면 터치하지 않은 폭 만큼 다시 현재 천정을 돌파한다

If the falling price does not touch the past top, it will break through the current top again by the width it did not touch.

<극성 변화 원리 the change of polarity principle>

Old support becomes new resistance and old resistance
becomes support.
This is what I call the "change of polarity" principle
-Steve Nison

기존의 지지선은 새로운 저항선이 되고 기존의 저항선은 지지선이 된다.
이것이 내가 말하는 "극성 변화의 원리"이다-스티브 니슨

중심 작용

천정 16212.23
바닥 6631.42
중심=(16212.23+6631.42)/2=11421.83......하락 목표......달성

황금 비율......0.618

천정 16212.23

바닥 6631.42

진폭 9580.81

비율 5797.34=9380.81*0.618

목표 10414.89=16212.23-5797.34

축소 황금 비율은 0.618 이다
확대 황금 비율은 1.618 이다

축소 황금 비율은 이전 바닥이 지지되는 조정을 계산하는데 활용된다
확대 황금 비율은 이전 바닥이 지지되는 조정을 계산하는데 활용된다

하락 목표

1차 11421.8......천정~바닥 중심......................달성

2차 10414.89....천정~바닥 진폭 0.618 조정......황금 비율

3차 9838.37......돌파된 천정

3차 6631.42......직전 바닥

결론

10000 위에서 바닥일 경우 하락 목표=10414.89

10000 아래로 하락할 경우 하락 목표= 9838.37

"In bear markets, stocks usually open strong and close weak.
In bull markets, they tend to open weak and close strong."
- William O'Neil

약세장에서 주가는 전강후약하고,강세장에서 주가는 전약후강한다
-윌리엄 오닐

도서명 내차트는 내가 만든다(내차내만)

발 행 | 2022년 07월 12일
저 자 | 손태건(필명(타이쿤))
펴낸이 | 한건희
펴낸곳 | 주식회사 부크크
출판사등록 | 2014.07.15.(제2014-16호)
주 소 | 서울특별시 금천구 가산디지털1로 119 SK트윈타워 A동 305호
전 화 | 1670-8316
이메일 | info@bookk.co.kr

ISBN | 979-11-372-8887-4

www.bookk.co.kr
© 손태건 2022